VENTE DU MERCREDI 9 DÉCEMBRE 1896

Hôtel Drouot — Salle Nº 10

à 2 heures et demie

Vente après Décès

Atelier

DE

M. BASSOMPIERRE-SEWRIN

Tableaux Anciens

et Modernes

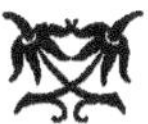

Mᵉ Léon GRELAT

COMMISSAIRE-PRISEUR

M. Henri HARO

PEINTRE-EXPERT

1896

4363. — Librairies-Imprimeries réunies, rue Mignon, 2, Paris.

CATALOGUE

DES

TABLEAUX ANCIENS & MODERNES

Dessins et Miniatures

PAR DIVERS

Tableaux, Pastels, Dessins, Études et Ébauches

PAR

M. BASSOMPIERRE-SEWRIN

Meubles

DONT LA VENTE AURA LIEU

HOTEL DROUOT, SALLE N° 10

Le Mercredi 9 Décembre 1896

A DEUX HEURES ET DEMIE

EXPOSITION PUBLIQUE

LE MARDI 8 DÉCEMBRE 1896

de 1 heure et demie à 5 heures et demie

<table>
<tr><td>Mᵉ Léon GRELAT
COMMISSAIRE-PRISEUR
18, rue Bergère, 18</td><td>M. Henri HARO
PEINTRE-EXPERT
14, rue Visconti et rueBonaparte, 20</td></tr>
</table>

1896

CONDITIONS DE LA VENTE

Elle sera faite au comptant.

Les acquéreurs payeront *cinq pour cent* en plus du prix d'adjudication.

TABLEAUX

DESSINS, MINIATURES

Par DIVERS

~~~

AUSSAUDON

1 — Le Pifferaro.

T. — H., 0^m,15. L., 0^m,10.

BIDAULD

2 — La Cascade.

T. — H., 0^m,40. L., 0^m,33.

BOUTON

3 — La Prison.

Signé en bas au milieu.

T. — H., 0^m,33. L., 0^m,25.
~~~

CHRISTOL (Frédéric)

4 — Vue du Torrent du Cédron, à Jérusalem.

Étude.
Signé à gauche et daté : Jérusalem, 1873.

T. — H., 0^m,17. L., 0^m,24.

DEKKER

5 — La Chaumière.

B. — H., 0^m,35. L., 0^m,33.

ÉCOLE FLAMANDE

6 — Intérieur de Cabaret; le Jeu de la Morra.

B. — H., 0^m,45. L., 0^m,60.

FRANCESCA (Piero della) (?)

7 — Portrait de Béatrice d'Este, femme de Ludovico Sforza, duchesse de Milan.

Elle est représentée de profil, la tête tournée vers la gauche, ses cheveux blonds retenus par une résille dorée. Son front est ceint d'une ferronnière à laquelle est attaché un joyau composé de pierres précieuses et d'une grosse perle; à son cou est un collier de perles auquel est suspendu un joyau presque semblable à celui qui orne ses cheveux. Elle est vêtue d'un corsage vert à bordure brochée or, avec manche à crevés blancs ornés de nœuds noirs.

B. — H., 0^m,49. L., 0^m,35.

Ce portrait, qui, malheureusement, a été maladroitement repeint en plusieurs endroits, paraît, au premier abord, complètement semblable à celui qui que nous avons vu à la Galerie Pitti, à Florence. Ce ne doit pas être une copie. La fermeté et la volonté de l'exécution indiquent plutôt une répétition du maître à qui probablement il aura été commandé deux portraits semblables.

De plus, en l'examinant attentivement, on trouve de nombreuses différences qu'un copiste n'aurait pu se permettre de faire.

Nous citerons entre autres : dans les cheveux, le changement de place des bijoux ornant la ferronnière. Au-dessous, le riche joyau a été placé, dans ce tableau, beaucoup plus à gauche, ne se détachant que sur les cheveux et ne prenant pas sur la résille. Sur la poitrine, le bijou principal attaché au collier a été mis plus à gauche. L'épaule a été légèrement plus relevée, et le bras est vu plus de côté, ce qui a entraîné un changement complet dans la manche et les nœuds qui retiennent les crevés.

Il est à remarquer la grande analogie qui existe entre ce portrait et celui de la *Belle Ferronnière*, de Léonard de Vinci, que nous possédons au Louvre, notamment dans l'exécution du vêtement.

TRUPHEME (A.)

8 — Canard sauvage.

> Trompe-l'œil.
> Signé en haut à droite.

DELSOL (Théodore)

9 — Sous bois.

> Dessin mine de plomb.
> Signé à gauche.

DESTOUCHES

10 — Jeune Fille accoudée à une fenêtre.

> Sépia.
> Signé en bas.

RAMELET

11 — Deux Études sous un même cadre.

Mine de plomb rehaussée de blanc.

CILLART (LE CHEVALIER DE)

12 — Portrait d'un Officier anglais.

Miniature.
Signé à droite.

———

13 — Portrait de Dame jouant de la harpe;
époque Louis XVI.

Miniature.

———

14 — Portrait d'Homme.

Miniature.

———

15 — Portrait d'Homme.

Miniature.

———

16 — Deux Enfants.

Miniature.

---

17 — Portrait de Béatrix Cinci.

Miniature.

18 — Sous ce numéro seront vendus les Tableaux, Dessins ou Lithographies non catalogués.

TABLEAUX

par

Edmond SEWRIN

~~~

19 — Église Saint-Michel de Bordeaux.

Signé à droite et daté 1833.

T. — H., 0ᵐ,80. L., 0ᵐ,65.

20 — Les Inséparables.

Forme ovale.

T. — H., 0ᵐ,47. L., 0ᵐ,37.

21 — Le Soufflon.

Pendant du précédent.

T. — H., 0ᵐ,47. L., 0ᵐ,37.

22 — L'Hiver.

T. — H., 0ᵐ,42. L., 0ᵐ,33.

23 — Intérieur breton.

Signé en bas des initiales et daté 1892.

B. — H., 0ᵐ,33. L., 0ᵐ,41.
~~~

ÉTUDES PEINTES

par

Edmond SEWRIN

~~~~
~~~~

31 — Le Crucifix.

32 — Les Caveaux de la tour Saint-Michel
à Bordeaux.

33 — La Pierre aux Poissons à Saint-
Aubin.

34 — Jeune Femmes aux Coquelicots.

35 — Le Parc Monceau.

36 — Sherry-Gobler.

37 — Un Écossais.

38 — L'Automne.

39 — La Fontaine. Vue prise dans les Pyré-
nées.

40 — Vierge et Enfant.

Étude sur fond or.

41 — Portrait de Dame.

Esquisse.

42 — Les Saintes Femmes au tombeau du Christ.

Esquisse.

43 — Esquisse du tableau *la Fuite en Égypte*.

PASTELS

par

EDMOND SEWRIN

~~~~

44 — Violettes de Parme.

Signé à droite.

45 — La Petite Poste d'autrefois.

1° Le Départ.
2° L'Arrivée.

Deux pastels de forme ovale.

Signés à droite.

46 — Les Bains Deligny.

Signé à droite et daté 1842.
~~~~

47 — L'Indifférence.

Signé à gauche.

48 — La Seine près Vernon.

49 — La Pêche pour le vendredi.

Signé à droite.

50 — Le Marché au beurre.

Signé à droite et daté 1844.

51 — Laitière suisse.

Signé à gauche.

52 — Portrait de Dame.

Signé à gauche et daté : 7 juillet 1833.

53 — Paysage. Vue prise dans les Pyré-
nées.

54 — Un Persan.

Signé à gauche.

55 — Portrait d'Homme.

Signé à gauche.

56 — Sous ce numéro seront vendus des
ébauches, esquisses peintes, pastels et copies de maîtres, par
E. Sewrin, non catalogués.

57 — Trois cartons contenant des dessins
et gravures.

MEUBLES

Divers objets mobiliers.

4363. — Lib.-Imp. réunies, rue Mignon, 2, Paris.